F. Sailer

Die Juden und das Deutsche Reich

Offener Brief an eine Deutsche Frau

F. Sailer

Die Juden und das Deutsche Reich
Offener Brief an eine Deutsche Frau

ISBN/EAN: 9783743463394

Hergestellt in Europa, USA, Kanada, Australien, Japan

Cover: Foto ©ninafisch / pixelio.de

Manufactured and distributed by brebook publishing software (www.brebook.com)

F. Sailer

Die Juden und das Deutsche Reich

Die Juden

und

das Deutsche Reich.

Offener Brief an eine deutsche Frau

von

F. SAILER.

Vierte Auflage.

BERLIN SW.
Verlag von Friedrich Stahn
Wilhelm-Strasse 122 a.
1879.

VORWORT.

Stets habe ich jene armseligen Existenzen beklagt, die bei nachtschlafender Zeit in die Aborte dringend und die Toilette der grossen Stadt besorgend ihr trauriges Dasein kümmerlich, Paria ähnlich, zu fristen suchen.

Beklagenswerther aber noch muss Jener erscheinen, der — weil auch Juden Menschen sind, denen Menschliches anhaftet — mit der Gier des Geizigen und der Begierde des Sammlers der Juden „Menschliches" zusammenhäuft und unschuldiges Papier zum Abfuhrcanal seiner gehässigen Gesinnungen erniedrigt.

Widerwillig zwar, aber dennoch habe ich mich entschlossen, Herrn Marr's Ausführungen (ich bitte die Parlamentarität dieses Ausdrucks zu beachten) entgegen zu treten, weil ich nach dem Vorangegangenen fürchten muss, Herr Marr könne die Erfüllung seiner Drohung, „er habe die Judenfrage in Fluss gebracht und werde sie darin zu erhalten wissen", in der Verbreitung fernerer Unwahrheiten finden.

Ich hoffe, es ist mir gelungen, eine Wiederholung solchen „social politischen Einbruches" wenigstens wirkungslos zu machen.

Im Juli 1879.

Der Verfasser.

Gnädige Frau!

Ich bedaure Sie!
Bisher habe ich Sie beneidet. Fern dem beängstigend regen Getriebe der Hauptstadt leben Sie auf dem reizendsten waldeinsamen Schlösschen. Ein liebender und geliebter Gatte, zwei lieblich heranblühende Kinder bilden Ihre beneidenswerthe Familie. Sie sind angesehen. Die Armen nennen Sie ihre Wohlthäterin und die Grossen des Landes schätzen das Alter und die Reinheit Ihres Adels. Sie sind reich und Ihr Vermögen gründet auf seit Jahrhunderten gefestetem Besitz. Ihr Wissen und Ihre Herzensbildung dulden keinen Vergleich mit jener „Uniformirung des Geistes" der meisten jungen Damen von heutzutage, denen in „höheren Töchterschulen" (schon das Wort erweckt einen berechtigten Zweifel an der grammaticalischen Schulung seines Erfinders) und in Pensionaten ein Wissen von und ein Verständniss für in Wirklichkeit vollkommen Unbegriffenes angeheuchelt wird, wie einem alten Gaul Gelenkigkeit und gefälliges Aussehen beim Rosstäuscher.

Ihnen, gnädige Frau, legte ich mit jedem neuen Tage Faust's Worte in den Mund „Verweile doch, Du bist so schön"; doch aus allen diesen Traumbildern Ihres Glücks weckt mich Ihr Brief.

Zwei Broschüren sind in Ihre Hände gerathen — Wilhelm Marr's „Der Sieg des Judenthums über das Germanenthum" und desselben Verfassers „Vom jüdischen Kriegsschauplatz".

Bisher haben Sie zwischen Juden und Christen einen Unterschied kaum gekannt. Ihnen verband sich mit dem Begriff „Jude" die Vorstellung von Leuten, die in der, vom Standpunkt des Adels aus, beneidenswerthen Lage sich befinden, ihren Stammbaum in eine viel höhere Zeit hinauf verfolgen zu können, als dies der ältesten anerkannten Aristokratie, die das Abendland geschaffen, möglich ist: von Leuten, die mit einer grossen Anzahl Christen Bedenken gegen kirchliche Dogmen hegen, die aber in ihrem ersten Religionslehrsatz „Liebe deinen Nächsten wie dich selbst" mit den Bekennern der Religion der Liebe sich vereinigen. — Ihnen war auch bekannt, dass die Juden sich bei ihrem Gottesdienst einer fremden, sogar einer todten Sprache bedienen — aber Sie wussten auch, dass die Katholiken in lateinischer und die Mitglieder der französischen Colonie in französischer Sprache beten. — Sie hielten den lieben Gott für sprachgewandt genug, um das Sehnen und das Bitten des Menschenherzens in jeder Sprache zu verstehen: Sie gedachten dabei des ersten — jedem Andern unverständlichen — Lallens Ihrer Kinder, das Ihnen doch so klar und so laut die Wünsche Ihrer Lieblinge verrieth.

Was die oben angedeuteten Bedenken anbelangt, so haben auch Sie, wie ich sicher weiss, mit Ihrer Auffassung von dem Ideal einer Jungfrau niemals mit Nothwendigkeit den Besitz eines Söhnleins verknüpft — sondern im Gegentheil.

Ihrem, der glücklichen Gattin, Ideal einer Mutter, durfte auch die Kenntniss keiner Freude der Liebe mangeln, und schwankte jemals in Ihrem trauten Salon das Gespräch auf das religiöse Gebiet, dann wussten Sie stets eine Unterhaltung über die Lehre von der Dreieinigkeit mit Ihrer classischen Unkenntniss aller Rechenkunst zu verhindern.

Bisher haben Sie über die Religion und über die Abstammung derjenigen, mit denen Sie verkehrten, kaum nachgedacht. Erst jetzt, nachdem Sie Herrn Marr's Elaborate gelesen, erinnern Sie Sich plötzlich, dass die Leiter derjenigen parlamentarischen Fraction, der Ihr Herr Gemal angehört, dass der Banquier, dem derselbe seine Geldgeschäfte anvertraut, dass der Kaufmann, der die Erträgnisse Ihres Gutes verwerthet, dass der Confectionair, von dem Sie Ihre reizenden Costüme beziehen, dass der Decorateur, der Ihr Heim so behaglich ausgestattet — dass alle diese Herren „Juden" sind. Jetzt erst und fast unwillkürlich fällt Ihnen auf, dass diejenigen, die in Ihrem Salon am geistreichsten geplaudert, dass diejenigen, in deren glänzenden Gesellschaften Sie Sich am besten vergnügt, ebenfalls Juden sind. Sie haben bei den Juden Ihres Bekanntenkreises niemals jene „Herausforderung und Demonstration" wahrgenommen, von der Herr Marr erzählt, Sie haben selten einen jüdischen Bettler, noch seltener — fast nie — einen jüdischen Trunkenbold gesehen, Sie haben — mit Herrn Marr — die Beobachtung gemacht, dass der Jude unter seines Gleichen ganz vortreffliche Eigenschaften hat.

Aber Sie haben dies „unter seines Gleichen" bisher auf Christen von gleicher Lebensstellung bezogen, und da Sie Ihre gesellschaftlichen Beziehungen bisher nicht geändert, Ihre Lieferanten nicht gewechselt, da Ihr Herr Gemal seinen politischen Standpunkt nicht verschoben, so scheint doch die bisherige Wahl wohl befriedigt zu haben.

Nichts destoweniger oder gerade deshalb — ich vermag dies nach Ihrem Briefe nicht zu unterscheiden, erscheint Ihnen jetzt die von Herrn Marr behauptete „realistische Verjudung der Gesellschaft" als eine Gefahr, vor der Sie Sich um so mehr fürchten, als Sie Sich bei diesen Worten gar nichts zu denken vermögen.

Und weil Sie Sich fürchten, gnädige Frau, deshalb bedaure ich Sie.

Sie haben über diesen Gegenstand nachgedacht, ehe Sie mich ersuchten die in Ihnen durch Herrn Marr aufgescheuchten Bedenken zu beschwichtigen, die von Herrn Marr behauptete Thatsache „des Sieges des Judenthums über das Germanenthum" zu widerlegen.

Sie kommen zu dem Schlusse, das Christenthum habe seit seinem Bestehen mit nicht weniger Gehässigkeit als gegen Juden gegen jeden fremden Glauben — ja selbst gegen Sectirer der eigenen Kirche gewüthet. — Sie behaupten, alle grossen Kriege — nicht nur der dreissigjährige — seien Religionskriege gewesen.

Ich darf Ihnen weder unbedingt zustimmen, noch entschieden entgegentreten, hat man doch versucht, noch die Kriege von 1866 und 1870/71 als Kämpfe des Protestantismus gegen den Katholicismus, den jüngsten russisch-türkischen Krieg als Kampf des Kreuzes gegen den Halbmond hinzustellen!

Sie meinen ferner, die Verfolgungen der Albigenser, der Waldenser, der Wiedertäufer, die französischen Dragonnaden wären nicht weniger schaudervoll als die schaudervollsten Judenverfolgungen gewesen, — die Scheiterhaufen hätten der „ketzerischen" Christen nicht weniger verzehrt als der Juden. Sie sagen, als Posa's Fuss auf verbrannte menschliche Gebeine stiess, waren dies Gebeine von Christen, und die Ruhe, die ihn umgab, war die Ruhe eines **Kirchhofs**. Sie schliessen, dass die Juden sich mit Unrecht als ein vornehmlich und von jeher verfolgtes Volk bezeichnen und hierüber will ich mit Ihnen nicht rechten.

Aber Sie glauben, Herrn Marr's Ausführungen um so mehr Glauben beimessen zu dürfen, als er von sich selbst sagt: „es habe noch Niemand die Stirn gehabt zu behaupten, er (Marr) zähle nicht zu den befähigtsten Publicisten", als er die Bitte an seine Leser richtet, „dass sie diese seine Schrift aufbewahren und testamentarisch die Verfügung treffen mögen, sein Büchlein von Kind auf Kindeskind forterben zu lassen".

Sie vergessen jedoch, dass ein Publicist, der (ich benutze stets Herrn Marr's ipsissima verba) „auf solchem Standpunkt seiner nichtjüdischen Selbstüberschätzung", mit "so grossprahlerischem Gambetta'schen Rückzugsstyl" überhaupt jeden Anspruch verliert, ernst genommen zu werden.

Sie kennen das gute alte Sprichwort vom Eigenlob kein Parfumeur hat nach demselben bisher ein wohlriechendes Wasser benannt.

Jedoch „Thatsachen" würden beweisen. Schriftstellerische Leistungen, des befähigtsten Publicisten würdige Arbeiten, könnten die Ueberhebung entschuldbar erscheinen lassen.

Aber wer kennt Herrn Marr?
Wer seine Werke?
Niemand!

Wie sehr ist die Welt zu beklagen, dass der befähigtste Publicist „aus der Journalistik förmlich hinausmanövrirt wurde und ihm bis auf den heutigen Tag ein selbstständiges Wort über was immer für eine Frage in der verjudeten Tagespresse nicht möglich ist."

Fürwahr, das Lichtenberg'sche Messer ohne Heft und ohne Klinge in's Literarische übersetzt. Der befähigtste Journalist ohne Journal!

Ist ein solches Schicksal nicht wahrhaft ein tragikomisches? Tragikomisch wie das des Sancho Pansa, mit dem Herr Marr ja so manche Aehnlichkeit besitzt?

Als Don Quichote über jene Länder verfügte, die er dereinst erobern wollte, wie Herr Marr das Schicksal Deutschlands vorher bestimmt, indem er ihm ein „vae victis" entgegenkrächzt, war der getreue Schildknappe wenig damit einverstanden, — wie Herr Marr ohne Zeitung —, ohne Königreich davonzukommen. Aber Don Quichote besänftigte seinen Getreuen, der seine Orakelsprüche — anscheinend wie heute Herr Marr — von der Gasse und von Gassenjungen und von alten Weibern herzuholen liebte, mit der Zusage, „es gäbe ja noch ein Königreich Dänemark". Sobald Don Quichote dies Land erobert haben würde, wollte

er Sancho Pansa mit diesem ultima Thule aller Königreiche
belehnen.

Auch Herr Marr hat solch ein ultima Thule der Journalistik gefunden.

Noch giebt es eine Hamburger Zeitung, die sich so weit
herablässt, Marr'sche Radomontaden honorarfrei abzudrucken.
Aber merkwürdiger noch als dieser Umstand ist der,
dass, wenn überhaupt der Ausdruck „verjudet" möglich
wäre, er gerade auf dies Marr'sche Leibjournal Anwendung
finden könnte, denn der Besitzer, der Redacteur, der Expedient und der Drucker desselben sind Juden. — —

Aber, gnädige Frau! wer ist denn eigentlich ein Jude?
Gegen wen führt Herr Marr seine Kindersäbelfluten? Vor
wem fürchten Sie Sich, gnädige Frau?

Sind es diejenigen, welche ihren Stammbaum vielleicht
bis zu Aaron, mit Wahrscheinlichkeit bis auf Christi Zeit-,
Lands- und Glaubensgenossen zurückführen können?

Dann wären ja auch diejenigen Juden, die entweder
selbst oder deren Voreltern schon zur christlichen Kirche
sich bekannt haben, und die zum Theil heute als Säulen
des Staates, als Lichter der Kirche, als Verschwägerte der
ältesten Adelsgeschlechter glänzen.

Oder sind es die, welche dem Zeitgeist zum Trotz starr am
Ueberlieferten hängen, die fern vom Verkehr nur der Forschung
in Bibel und Talmud, nur dem Studium der Commentatoren
und der Commentatoren Supercommentatoren sich weihen?

Oder sind es diejenigen, welche zu dem kleinen Häuflein derer zählen, die, obgleich sie der Väter Sitte und
Brauch nur theilweise aufgegeben, dennoch Theil haben
am Handel und Wandel der Jetztzeit, in deren Mund das
„Im nächsten Jahre in Jerusalem!" mehr ist als ein unverstandener Ruf, die von Tag zu Tage den Erlöser ersehnen,
der die Zerstreuten Zions zurückführt?

Auch in diesen Fällen, gnädige Frau, wäre Ihre Furcht
eine vergebliche. Nicht die einsamen Forscher, nicht die

wenigen Orthodoxen fühlen sich berufen, Staaten zu unterjochen.

Sie alle wissen, dass das Judenthum keine Proselyten wirbt! Oder aber sind es die unzählbaren Schaaren, welche den Zaun, der das jüdische Gesetz umgiebt, kühn durchbrachen, die vom Judenthum kaum mehr wissen und kennen als jeder andere Gebildete? Die sich eins fühlen mit dem Staate, in dem sie geboren, dem sie angehören mit jeder Faser ihres Lebens, dem sie dienen in der Robe des Richters, in der Montur des Soldaten?

Wahrlich, auch dann, gnädige Frau, wäre Ihre Furcht eine thörichte, thöricht wie jener Kampf gegen Windmühlenflügel, mit dem Herrn Marr's Angriffe eine so verzweifelte Aehnlichkeit haben.

Allerdings behauptet Herr Marr, er beabsichtige weniger eine Polemik gegen das Judenthum, als die Constatirung einer kulturgeschichtlichen Thatsache. Er behauptet, frei von all und jedem confessionellen Vorurtheil zu sein, und beruft er sich dennoch auf den von ihm nicht verfassten, sondern nur aus verschiedenen älteren Pamphlethen zusammengestoppelten „Judenspiegel", eine längst in die ihr gebührende Vergessenheit versunkene Schmähschrift, dennoch fordert er auf zur Gründung einer „anti-jüdischen Vereinigung".

Die Verjudung hat Herrn Marr — nach seiner Ansicht wenigstens — fast Alles geraubt. Wenn Max seine Lection nicht gelernt hat, so hat nicht etwa seine Faulheit daran Schuld, sondern ... Moritz. Wir kennen ja alle diese Schulbanklogik aus unserer Knabenzeit. Die Verjudung hat Herrn Marr „brodlos und mundtod" gemacht, die Verjudung hat Herrn Marr aus einem Democraten von 1848 zu einem Vorkämpfer **gegen** die Emancipation der Schwarzen in America gemacht, die Verjudung trägt auch die Schuld, dass sein Plan, „mit ärmeren deutschen Landeskindern einen Export nach den americanischen Südstaaten zu betreiben", scheiterte, und nicht etwa die Entrüstung der americanischen Sclavenzüchter über diesen sauberen Antrag.

Wenn ein ehrlicher Mann „fast Alles" verloren hat, beginnt er mühsam von Neuem zu streben, zu arbeiten. Herr Marr kennt aber die Welt und weiss wie schlecht „die Arbeit" bezahlt wird. Deshalb schreibt Herr Marr judenfeindliche Broschüren, denn er kennt auch die schlechten Leidenschaften der Menge und ihre Lust am Scandal. Und immer noch findet er Gläubige, die am hellen Tage, die im Jahre 1879 noch das Gruseln erlernen vor den Spukgestalten, die Herr Marr in seinen Broschüren vorführt, wie der Taschenspieler höllische Geister hinter der Spiegelscheibe.

Gnädige Frau! Auch Sie fürchten Sich.

Gnädige Frau! Ich bedaure Sie und ich will versuchen Ihre Furcht zu zerstreuen.

Werfen Sie einen Rückblick auf die Geschichte des Judenthums. Sie werden finden, dass ihr Beginn auf Abraham zurückführt, auf den von allen Monotheisten anerkannten Patriarchen, dem zuerst das Verständniss von dem Dasein eines einzigen und unsichtbaren Weltenschöpfers aufgegangen ist. Abraham war nicht der Lehrer eines neuen Glaubens, er war der Gründer eines neuen Geschlechts; sein Wissen von dem einzigen Gott ward das unveräusserliche Besitzthum aller Bildung. Am Sinai — vom Drucke ägyptischer Knechtschaft befreit — empfingen seine Nachkommen das Zehngebot; aber so wenig Abraham Gott als seinen oder seines Stammes besondern Gott verehrte, so wenig ward das Zehngebot zum Privatgesetz seiner Nachkommen allein, der ganzen Welt wurde die Erkenntniss erschlossen, jeder positiven Religion und jeder sittlichen Weltordnung ward hier Weg und Bahn vorgezeichnet.

Noch aber war die Welt nicht herangereift genug für die Verallgemeinerung der ewigen Wahrheiten. Das Judenthum blieb Träger der Idee bis zum Zerfall des jüdischen

Staates, bis das Christenthum die Lehre von der Einzigkeit des Schöpfers in alle Welt trug, bis die höhere Gotteserkenntniss vom Besitzthum einer Nation zum Gemeingut der ganzen civilisirten Menschheit wurde. Doch fast unbemerkt hatten sich die Lehren des Plato und des Pythagoras mit der mosaischen Ueberlieferung gemischt und noch heute erkennen wir in christlichen wie in jüdischen Religionsanschauungen den Einfluss griechischer Philosophie.

Seit fast zweitausend Jahren bestehen jetzt Judenthum und Christenthum nebeneinander.

Weshalb?

Wäre das Christenthum wirklich ein höher entwickeltes Judenthum, weshalb vermochte das Superiore dann nicht das Inferiore zu überwinden und in sich aufzunehmen?

Muss nicht vielmehr ein zweitausendjähriges Nebeneinanderbestehen beider Religionen als Beweis dafür gelten, dass keine derselben in ihrer gegenwärtigen Gestalt schon diejenige Vollendung in sich trägt, welche sie berechtigt sich für die absolute und ewig giltige Religion der Menschheit zu halten, dass aber jede derselben ein Moment enthalte, um die Zeit herbeizuführen, die der Prophet schildert mit den Worten: „Dann wird auf der ganzen Erde Gott und sein Name einzig sein!"?

Als die Jünger hinauszogen, die Aufgabe ihres Herrn zu vollbringen, da erkannten sie bald den Bau des griechisch-römischen Heidenthums als viel zu mächtig, um durch die Gewalt eines Wortes gestürzt und vernichtet zu werden, wenn dieses Wort auch die Wahrheit war. Die Apostel versuchten nicht das Griechen- und Römerthum durch die Verkündung des einzigen, unkörperlichen und unerforschlichen Gottes zu vernichten.

Sie brachten ihm Christum, den Mensch gewordenen Gott.

An die Stelle der Götter trat der Gottmensch.

Wieder fand die Kunst eine Gestalt, in der sie Göttliches verkörpern und die Wissenschaft eine Erscheinung, an der sie versuchen mochte, Unfassbares zu fassen.

In den Ruinen des Heidenthums wurzelte das Christenthum und Rom blieb die Hauptstadt der Welt.

In Rom thronte der Statthalter Gottes auf Erden, er leitete den Kampf, der die Aufgabe des Christenthums ist: den Kampf gegen das Heidenthum.

Und als in der gebildeten Welt Heidenthum äusserlich nicht mehr sichtbar erschien, begann jener grosse Kampf zwischen Christen und Christen, den man die Reformation nennt.

Die Reformation enthält das Princip der Selbstbefreiung der Religion von der Autorität der Ueberlieferung, das Princip der Antastbarkeit dessen durch die Gegenwart, dem die Vergangenheit durch ihre Anerkennung das Ansehen göttlicher Offenbarung verliehen, das Princip, das in seiner Durchführung zur Anerkenntniss der menschlichen Vernunft, als der höchsten Richterin über Satzungen der Religion, nothwendig führen muss.

Aber dies Princip enthält daher auch gleichzeitig den casus belli des nie rastenden Kampfes zwischen Protestantismus und Katholicismus um die Oberherrschaft im Christenthum.

Und ein ähnlicher Kampf vollzieht sich im Judenthum. Nicht mehr vertrug sich der Geist der Neuzeit mit den Ueberlieferungen der Vergangenheit. Die versteinerte Nationalität verging. Aber allmälig nur und Schritt für Schritt ging die Entwickelung vor sich. Ueber manchen Scheiterhaufen, über manche blutige Wahlstatt leitet die jüdische Geschichte. Doch von Welttheil zu Welttheil, von Land zu Land, immer der aufgehenden Cultur nach zog das Judenthum.

Gnädige Frau, ich müsste weit den Rahmen dieses Briefes überschreiten, wollte ich Ihnen diesen Entwicklungsgang auch nur annähernd schildern.

Gegen Herrn Marr's unwahre Behauptung aber, „dass die Juden von Anfang an, wo sie in der Geschichte auftreten, bei allen Völkern in der Geschichte verhasst waren" führe ich das Zeugniss des Apostels Paulus an, der sich auf seinen Anspruch auf römisches Bürgerrecht beruft. Der römische Kaiser Caracalla ertheilte den Juden wie allen Einwohnern des Reichs die Civität, sie hatten Theil an allen staatsbürgerlichen Rechten; der römische Senat fand keinen Grund, die Rechtsfähigkeit seiner Bürger mit Rücksicht auf ihr religiöses Bekenntniss zu regeln.

Herr Marr beruft sich für seine Anführungen, soweit sie das Alterthum betreffen, auch auf die Bibel. Herr Marr kann das thun, denn er weiss, wie gering die Kenntniss des Buchs der Bücher ist. Wohl leben wir im Zeitalter der Bildung, aber noch hat Niemand den Begriff derselben in genügender Weise definirt. Mir ist nicht einmal bekannt, ob der Gebrauch von Ausdrücken wie „Judengemauschel", wie Herr Marr sie gebraucht, unbedingter Beweis von Bildung ist. Ich denke nur zuweilen an Buffon's Ausspruch „le style c'est l'homme".

Ich habe auch meine eigenen leider wenig günstigen Ansichten über unsere sogenannte „Bildung", seitdem multa non multum und dies nur scholae non vitae zu lernen modern geworden ist. Machen Sie, gnädige Frau, doch einmal den Versuch, festzustellen, wie wenig Göthe's Romane, ich spreche gar nicht einmal von seinen sämmtlichen Werken, ja wie wenig sogar Schiller's Gedichte gekannt sind. Schiller's und Göthe's Dramen, die den „gebildeten Klassen" durch die Theater zugeführt werden, wie die „Rosa Dominos" oder „Flick und Flock", noch die wenigen Gedichte, aus der Schulantologie — damit hört meistentheils die Kenntniss unserer „Dichterfürsten" und ihres Schaffens auf.

Für das Nichtkennen der Bibel ist aber ein höchst merkwürdiger Entschuldigungsgrund aufgefunden worden.

Hören Sie ihn und staunen Sie, gnädige Frau: Die Bibel ist unanständig. —

Die Bibel spricht sich allerdings über Manches mit jener naiven Deutlichkeit aus, die der Wahrheit geziemt. Paul de Kock und Eugen Sue machen in jedem Jahre neue Auflagen nöthig — die Bibel dagegen ist unanständig, und ihre Lectüre ist verpönt. Der jugendliche Geist bildet sich ja auch, der gereifte Verstand erfreut sich ja auch mehr, als an der erhabenen Aufrichtigkeit biblischer Darstellung, an lüsternen Andeutungen in schlüpfrigen Romanen.

Auch Herr Marr scheint furchtbar anständig zu sein, denn er hat von der Bibel gar keine Kenntniss. Nur dann, wenn er seinen Beruf als Wortführer des Germanenthums zu erfüllen sich anschickt, wobei er nur unterlässt, sich als berechtigten Mandaten zu legitimiren, erinnert er sich von seiner Schulzeit her auf diejenigen deutlichen Stellen der heiligen Schrift, welche er damals, um seine jugendliche Phantasie für die ihm eigenthümliche Broschürenliteratur gehörig vorzubereiten, gewissenhaft herauszulesen sich angelegen sein liess. So findet er denn Stoff, um das Germanenthum und seinen Bücherschatz um einen „Schmerzensschrei Unterdrückter" von 50 Seiten Länge zu bereichern.

Er wirft Arbeitsscheu vor und kennt das biblische Gebot nicht: „Sechs Tage sollst du arbeiten". Er spricht von gesetzlich vorgeschriebener Feindschaft gegen alle Nichtjuden, und weiss nicht, dass das Gebot lautet: „Du sollst den Fremden nicht drücken". Er polemisirt gegen den „Codex Mosis" und weiss nicht, dass auf ihm jede Staatsgesetzgebung und alle Civilisation beruht. Er nennt die Bibel phantasie- und herzlos und weiss nicht, dass ihre Worte der erhabenste Ausdruck des Göttlichen im Menschen sind. Er behauptet, der Jehova des alten Testamentes anerkannte die Existenz anderer Götter und er weiss nicht, dass dieser Begriff der unzweifelhafteste Ausdruck des strengsten Monotheismus ist.

Aber die Bibel steht mir viel zu hoch, als dass mir dieselbe Gegenstand der Controverse mit Herrn Marr sein dürfte, dessen Fälschungen ihres Inhalts nur daher möglich sind, weil unser gebildetes Zeitalter die Kenntniss des Buches, auf dem sich die ganze Entwicklung der Welt aufbaut, für überflüssig hält.

Herrn Marr's Logik ist nur eine so komische!

Weil die Juden aus der babylonischen Gefangenschaft befreit wurden, schliesst Herr Marr, die Babylonier seien ihrer bald überdrüssig geworden, „denn sie liessen sie wieder laufen".

Weil Herr Marr — so lautet doch wohl der Gegenschluss — an keinem Orte und in keiner Stellung festen Fuss fassen konnte, ist man seiner überall überdrüssig geworden, „denn man liess ihn bald wieder laufen".

Finden Sie nicht, dass ich Recht habe, gnädige Frau?

Bis zu den Kreuzzügen ist die Geschichte über die Lage der Juden nur sehr unvollkommen unterrichtet, doch scheinen sie bis dahin im Wesentlichen nicht anders als die übrigen Einwohner des Landes behandelt worden zu sein. Erst während der Kreuzzüge, als die Hierarchie sich vollkommen entwickelt, ward der Pöbel durch die Geistlichkeit und durch beutesüchtige Ritter zu wildem Fanatismus gegen die Juden erregt. Von da an bis in's achtzehnte Jahrhundert hinein ist die Geschichte des Judenthums eine fast ununterbrochene Kette tiefster Schmach, unmenschlichster Bedrückung, nie ruhender Verfolgung, aber erst lange nach Beendigung des dreissigjährigen Krieges finden sich die Vorläufer der Marr'schen Schmähschriften. Bis gegen das Ende des 17. Jahrhunderts besass der Kampf der Christen gegen das Judenthum etwas Ursprüngliches, wie solches dem rohen Ungeschlacht des höheren und niederen Pöbels stets anhaftet. Die literarische Fehde begann eigentlich erst, als fast zu

2

gleicher Zeit drei deutsche Hebraisten: Johannes Wülfer aus Nürnberg, J. C. Wagenseil aus Altdorf und Joh. Andreas Eisenmenger in Frankfurt a. M. ihre von getauften Juden erlernte Kenntniss der hebräischen Literatur zu unbegründeten Anklagen gegen das Judenthum benutzten. Zwar hatte schon im Jahre 1614 ein jüdischer Convertit, S. M. Brenz, eine Schmähschrift: „Den jüdischen Schlangenbalg" veröffentlicht: feste Gestalt erhielt der Federkrieg jedoch erst durch Wülfer's „Animadversiones ad Theriacam" (Nürnberg 1681) und durch Wagenseil's „Tela ignea Satanae"*) (Altdorf 1681) und desselben Verfassers „Denunciatio christiana" (1703).

Aber Wülfer und Wagenseil waren keineswegs Judenfeinde, „blonde Reschoim", wie sich Herr Marr rühmte, ein „blonder Rosche" zu sein. Beide gelehrte Schriftsteller kämpften nur gegen angebliche Ausschreitungen der Juden. Wülfer war gerecht und aufrichtig genug einzugestehen, dass die Juden ungerechterweise von den Christen verfolgt würden, dass das Zeugniss getaufter Juden gegen ihre früheren Religionsgenossen keinen Glauben verdiene und dass die Anschuldigung vom Blutgebrauch eine boshafte Erfindung sei.

Gnädige Frau, ich glaube, ich darf Sie hier darauf aufmerksam machen, dass Herr Marr niemals der Behauptung widersprochen hat, er selbst stamme im dritten Gliede von Juden ab. Dagegen darf er sich aber rühmen, noch im Jahre 1879 den Satz geleistet zu haben, „es sei nur nicht historisch nachweisbar, „wenn wirklich einzelne fanatische Juden im Mittelalter beim Passahfeste — — — „Christenkinder geschlachtet" hätten.

Fast noch wohlwollender als Wülfer war Wagenseil gegen die Juden gesinnt. Seine Bedenken waren meist juridischer Natur, so schmerzte z. B. den Altdorfer Professor, dass die Rabbinats-Collegien eigene Censur über

---

*) Des Teufels feurige Geschosse.

jüdisch theologische Werke übten. Das sei ein Eingriff in die Rechte der Majestät. Aber nachdrücklichst hob er hervor, es sei dreifach unrecht und unwürdig, Juden zu verfolgen oder zu verjagen; es sei mehr als grausam, wenn man jüdische Kinder widerwillig taufe und zur Christenlehre anhielte. Wagenseil hat in einer eigenen Schrift ebenfalls die entsetzliche Unwahrheit widerlegt, dass die Juden Christenblut gebrauchen. Er schreibt: „Es möchte noch hingehen, wenn es bei dem blossen Geschwätze bliebe; aber dass wegen dieser vermaledeieten Unwahrheit die Juden geplagt, gepeinigt und ihrer viel Tausende hingerichtet wurden, hätte auch die Steine zum Mitleid bewegen und schreien machen sollen."

Nicht weniger derb spricht er sich dagegen aus, „dass man die Juden zwingt, „Christus ist erstanden" zu sprechen, sie mit harten Schlägen übel tractirt, auf den Gassen mit Koth und Steinen bewirft und sie nicht sicher gehen lässt."

Die Bildung der Neuzeit hat auch für die niedrigste Hefe des Volkes die Glaubens- und Abstammungs-Unterschiede ausgeglichen.

Marriavellistischer Deduction aus der literarischen Pracherherberge blieb es vorbehalten, mit dem verjährten Koth überwundener Jahrhunderte ruhige strebsame Staatsbürger zu bewerfen.

Man darf jene dunkele Vergangenheit nicht nach der Rohheit ihrer Angriffe auf Juden und Judenthum beurtheilen!

Wer möchte entscheiden, gnädige Frau, wo sich die grössere Unmoralität verbirgt: in der Plünderung von Häusern und Lägern, in der Misshandlung von Greisen und Frauen und Mädchen in der Vergangenheit oder in einem ehrabschneiderischen Machwerk der Gegenwart, das von hinter dem allerdings leicht zu durchbrechenden Faschinenwall angeblichen Germanenthums aus die Väter beschimpft und Hass und Verachtung auf Mitlebende herabbeschwört, die dem Vaterlande doch deshalb nicht weniger treu sind, weil sie Gott auf ihre Weise anbeten? Der „befähigtste Publicist" legt ja für seine eigene liebwerthe Persönlichkeit ebenfalls den höchsten Werth darauf, der Landeskirche fern zu stehen — sicher so fern, wie es deutschem Wesen, deutschem Gefühl, deutscher Ehre ist, im Namen des Deutschen Reichs jene Schranken wieder aufbauen zu wollen, welche nach fast zweitausendjährigem Zusammenleben gemeinsamer Kampf gegen Undeutsches vernichtet hat.

Deutsch ist der Collectivname für eine Menge Völkerstämme, die vielleicht einst im Sanskritlande ihren gemeinschaftlichen Ursprung hatten, die noch zu unserer Gedenkzeit sich auf ihr Schwaben- und Frankenthum, ihr Chatten- und Sachsenthum nicht wenig zu Gute thaten, heute jedoch nur Deutsche und nichts als Deutsche sein wollen. — Ist der Jude deshalb weniger deutsch, weil er den Ursprung seines Stammes mit grösserer Sicherheit als jene auf die Wiege der Civilisation, auf den Orient zurückführen kann? Ist er weniger deutsch, weil er mit jener Zähigkeit an mancher Aeusserlichkeit hängt wie die Altenburgerin am kurzen Kleid oder der hessische Bauer am rothen Rock.

Die deutsche Nation darf nicht nach den Ausschreitungen ihres Gesindels beurtheilt werden und die besten im Reich haben stets den Juden das Wort geredet. Deutsche Kaiser und Könige straften den vornehmen und den geringen Pöbel, der sich an Juden vergriff. Die Erzbischöfe von Cöln und Trier waren dem sechsten Heinrich nicht zu hochstehend, nicht zu heilig, dass er sie nicht büssen liess für ihren Frevel gegen Juden. In keinem deutschen Dichtwerk begegnet uns die Gestalt eines Shylok, aber echt deutsch und aus echt deutscher Anschauung entsprungen ist die Figur des Nathan. Seit es in Deutschland politische Parteien giebt, kämpfen die Juden in ihren vordersten Reihen für das Gedeihen des Vaterlandes und werden dort harren und weilen trotz Eisenmenger und Marr!

Marr's einzig würdiger Vorläufer ist nämlich der schon erwähnte Eisenmenger, der beim Anbruch des „Jahrhunderts der Aufklärung" sein tausendmal widerlegtes, giftgeschwollenes Buch „Das entdeckte Judenthum" erscheinen liess. Es bleibt auch bei Eisenmenger zweifelhaft, ob seine Anklagen mehr seiner Gemüthsroheit oder mehr seiner Habsucht ihr Entstehen verdanken. Auch Eisenmenger hatte sein ganzes Vermögen eingebüsst, und als die Juden ihm nicht die von ihm für Unterdrückung seines Schandbuches geforderten 30,000 Thaler bewilligten, starb er vor Gram über seine getäuschte Hoffnung.

Also, gnädige Frau, lügenhafte Anschuldigungen, ja sogar Ausweisungen und Gemetzel gegen Juden treten noch zu Anfang des 18. Jahrhunderts auf. Aber mit der zunehmenden Gesittung verminderte sich ihre Zahl und ihre Ausdehnung. Immer mehr Schriftsteller traten zu Gunsten der Unterdrückten auf, und die hebräische wie die talmudischrabbinische Literatur ward von Christen kaum weniger eifrig durchforscht, als die classische der Griechen und Römer.

Aber wieder verging mehr als ein halbes Jahrhundert bis in einem Lande Europas, in England, ernstlich die Frage der Gleichstellung der Juden Gegenstand parlamentarischer Verhandlung wurde.

Basnage's „Geschichte der jüdischen Religion" gebührt das Verdienst, die Erhebung des jüdischen Stammes angebahnt zu haben. Der Same, den — unbewusst vielleicht — der Refugié Basnage ausgesäet, erblühte zur Wunderblume in Lessing's „Nathan dem Weisen." Als Lessing „Die Juden" geschrieben hatte, tadelte ein hochmüthiger Theologe die Unwahrscheinlichkeit „dass unter einem Volke, wie dem jüdischen, ein solches edles Gemüth, wie der Jude in dem Stück zeigt, sich auch nur bilden könne"; beim Erscheinen des Nathan — nur 20 Jahre später — hatte Moses Mendelssohn auch den Verstocktesten entwöhnt, solche Ungeheuerlichkeiten vorzubringen.

Basnage hat die Welt des Judenthums seiner Umgebung erschlossen. Mendelssohn hat Lessing zur Dichtung des Nathan begeistert. „Mit Lessing's „Nathan" und Cumberland's „Jude" beginnt der Gedanke der Judenemancipation im grossen Publicum sich Bahn zu brechen", giebt sogar Herr Marr zu, aber er fügt eine Kritik des Theaterstücks hinzu, die wohl nun deshalb so ist, wie sie eben ist, weil Herr Marr ja später sich selbst sagt: „ich selbst bin ja kein Theaterrecensent." Von Herrn Marr Verständniss für die erhabenen Tendenzen des hohen Liedes der Toleranz verlangen, hiesse Anmuth beim Pavian und Zierlichkeit beim Nashorn suchen. Auch Herrn Marr war nie der reichere Jude, der bessere Jude, Herr Marr steht auf dem Standpunkt des Patriarchen: „Der Jude wird verbrannt" und gnädige Frau, glauben Sie nicht auch, selbst Saladin würde wesentlich in Herrn Marr's Achtung steigen, wenn er das Darlehn des Juden statt zum Krieg gegen die Christen, zum Federkrieg gegen die Juden verwandt hätte, etwa in der von Herrn Marr beabsichtigten „social-politischen Wochenschrift" „in der es vielleicht gelingt, eine moralische Pression auf die jüdische Fremdherrschaft auszuüben"?!!

Das Urbild Nathans ist Moses Mendelssohn. Mendelssohn hat seinen Glaubensgenossen nur in geringem Grade materielle Hülfe gebracht; aber ihm verdankt das Judenthum seine sittliche Hebung.

Mendelssohn ward nicht der Schöpfer eines neuen philosophischen Systems wie einst Spinoza.

Aber Mendelssohn's Verdienst ist, die Philosophie seiner Zeit von der erdrückenden Bande der Unverständlichkeit ihres „Packpapierstiels" befreit zu haben. Mendelssohn's Verdienst ist der Sieg über den Wahn, „dass die Philosophen eine besondere Kaste bilden, die von den übrigen Gebildeten abgetrennt, und eine Sprache reden und schreiben müssten, die Niemand als sie verstände. Die schöne lichtvolle Sprache in Mendelssohn's Schriften veranlasste auch anderen Philosophen, um populair zu sein, auch deutlich und fasslich zu schreiben."

Spinoza verliess thatsächlich den Boden des Judenthums, er strebte nach der Offenbarung eines neuen Gottes, der nicht in unerreichbarer Himmelshöhe throne, sondern im Menschen selber weile und webe, dessen Tempel der Mensch selber sei.

Mendelssohn stand fest auf dem unerschütterlichen Grundbau des Judenthums, aber weil er diesen Standpunkt nie verliess und nur die goldene Stufe wahrer Erkenntniss von den umgebenden unsauberen Schlacken zu säubern trachtete, ward er der Regenerator des Judenthums, der Lehrer der Christen: im Juden den Menschen zu lieben.

Spinoza war Panteist — Mendelssohn war Deist: Spinoza's Einfluss wird dauern, so lange Denker dem Urgrund der Dinge nachhängen, Mendelssohn's Einfluss nicht aufhören, so lange Bekenner einer positiven Religion Göttliches und Menschliches zu verweben trachten.

Aber dereinst, gnädige Frau, wenn Spinoza's und Mendelssohn's Anschauungen sich vereinigen, dann wird die Hülle fallen, die heute die Augen noch deckt und dann wird sich des Propheten Wort erfüllen: „Dann wird auf der ganzen Erde Gott und sein Name einzig sein."

Wie ein Zauberschlag wirkte Mendelssohn's Einfluss und mit zauberhafter Schnelle zeigten sich die Folgen.

„Deutsche Juden haben sich aber nicht blos durch „Mendelssohn's Anregung in raschem Fluge zur Höhe der „Kultur hinaufgeschwungen, sondern auch unverkennbar die „Verbreitung und Verallgemeinerung des gebildeten Bewusst- „seins in christlichen Kreisen gefördert. Geistvolle Juden „und Jüdinnen haben zunächst in Berlin jenen ge- „bildeten Weltton geschaffen, der die Eigenthüm- „lichkeit dieser Hauptstadt geworden ist, und von „hier aus anregend auf das übrige Deutschland „eingewirkt hat."

Und wieder verging fast ein Jahrhundert, bis die bürgerliche Gleichstellung der Juden eine Thatsache war.

Ich will Ihnen die Geschichte dieser Emancipation nicht erzählen, gnädige Frau, weil ich nicht zu entscheiden wage, ob diese Thatsache schon als eine vollkommen vollendete, als eine der Geschichte angehörige betrachtet werden darf, nicht weil Schmähschriften à la Marr noch geschrieben werden können, sondern weil eine Dame von Ihrem Range und Ihrer Bildung sich vor den Trugschlüssen und Sophismen derartiger Machwerke noch fürchtet.

Gnädige Frau, ich bedauere Sie!

Aber gnädige Frau. Sie verlangen von mir auch eine Widerlegung der Marr'schen Insinuationen.

Nicht weil ich diese Colportage-Speculation auf die gemeinsten Leidenschaften des Menschen einer Erwiderung für würdig hielte, nicht um Ihre, entschuldigen Sie das Wort, fraubasenhafte Furcht zu besiegen, will ich die Lügenhaftigkeit der Behauptungen, die schwindelhaften Verdrehungen und Entstellungen aufdecken, obgleich, wer Schmutz angreift sich besudelt, und wer Herrn Marr's Broschüren liest, einer bekannten Folge der Seekrankheit nicht entgeht . . . sondern weil in manchen Kreisen unserer Bevölkerung die Kenntniss von jüdischen Verhältnissen eine noch zu geringe ist, als dass nicht doch ein böses Wort eine gute Statt finden könnte.

Herr Marr beginnt seine Broschüre: „er beabsichtige **weniger** eine Polemik gegen das Judenthum als . . ." Er gesteht also zu, eine Polemik zu beabsichtigen und zwar gegen einen Begriff, den zu definiren er unterlässt.

Gegen die positive Religion des Judenthums zu kämpfen hat Herr Marr, da er sich ostentativ „confessionslos" nennt, keinerlei Veranlassung, es sei denn, er wolle eine neue Religion der Confessionslosigkeit stiften.

Und diese Idee liegt gar nicht so fern.

Herr Marr hat eine unverkennbare Aehnlichkeit mit

dem „Salandin" im Monjoye. Salandin ist Alles gewesen, Kaufmann, Schriftsteller, Officier, Herr Marr ebenfalls. Salandin war in Südamerica und dort wurde er sogar eine Zeitlang —, als ihm — aber nicht durch die Verjudung — Alles geraubt war —, ein Gott. Herr Marr war ebenfalls in Südamerica, aber er ist dort kein Gott geworden.

Weshalb sollte er nicht in Europa „Religionsstifter" werden wollen?

Haben wir nicht auch den „Bruder Mierike"?

Aber gegen die Religion scheint Herr Marr nicht zu kämpfen, denn er nennt selber die religiöse Seite des Judenhasses „eine blödsinnige", und eine so grosse Selbsterkenntniss ist ihm doch wohl nicht zuzutrauen.

Vielleicht wendet sich der „resignirte Pessimismus", der aus Herrn Marr's Feder fliesst, gegen Persönlichkeiten.

In dem Falle wäre es geziemend gewesen, diese Persönlichkeiten zu nennen.

Herr Marr hat dies unterlassen.

Er nennt namentlich nur die Pester Rabbiner, die sich weigerten von den Speisen der kaiserlichen Tafel zu geniessen.

Ebenso unwahrscheinlich es erscheinen muss, dass der confessionslose Herr Marr die Absicht hege, Oberrabbiner von Pest zu werden, ebenso unwahrscheinlich ist die Argumentation, die er an jene Thatsache knüpft.

Ein jüdisches Ritualgesetz, ähnlich dem der Katholiken, das denselben verbietet, am Freitag oder in der Passionszeit Fleisch zu essen, verlangt, dass die zu geniessenden Thiere auf vorgeschriebene Weise getödtet, die Speisen auf vorgeschriebene Weise bereitet werden. Dies war nicht geschehen, folglich durften die Rabbiner an jenem Male nicht Theil nehmen.

Ein allgemein gültiges Ritual schreibt vor, sich nur mit anständigen Leuten zu Tisch zu setzen.

In jenem Falle konnte von einer Verunreinigung

die Rede nicht sein, höchstens von Uebertretung einer rituellen Vorschrift.

Ob aber nicht in einem gewissen anderen Falle eine Verunreinigung stattfinden würde, will ich nicht untersuchen.

Herrn Marr's Behauptungen, „es sei jüdische Satzung und jüdischer Glaubenssatz, in allen Nichtjuden Unreine zu erblicken", oder gar von „ihrer gesetzlich vorgeschriebenen Feindschaft gegen alle Nichtjuden", sind **vollständig erlogene.** Wie er diese Infamien mit dem Frevelmuth eines Herostratus als Wahrheit durchzupaschen versucht, darf der ärmste Sünder, der armseligste Fälscher im Zuchthause stolz an seine Brust klopfen und sprechen „Herr, ich danke Dir, dass ich nicht bin wie Jener".

Herr Marr wirft ferner den Juden vor, dass sie gleich nach ihrer Zerstreuung sich in die Städte warfen und sich im Abendlande der Arbeit des Landbaues und der Colonisation noch abholder zeigten als in Palästina.

Zunächst sind diese Anführungen unrichtige.

Die Juden des Alterthums waren ein Landwirthschaft und Viehzucht treibendes Volk. Damals waren sie für ihre Handelsbeziehungen ausschliesslich auf ihre Nachbarstaaten, namentlich auf Phönicien angewiesen, und der Versuch des Königs Salomo, sein Volk auf die Bahn des Handels zu lenken, blieb erfolglos.

Bis zum Exil waren Landbau, Viehzucht und Uebung der Handwerke für den alltäglichen Bedarf die Hauptbeschäftigung der Juden.

Selbst die aus Babylon Zurückgekehrten oblagen Jahrhunderte lang und unter den drückendsten Verhältnissen diesen Beschäftigungen, und es bleibt eine schwer zu erklärende Thatsache, wie ein Volk, das in seiner Heimath aus „Bauern" bestand, nach seiner Zerstreuung durch die Römer, den Erben von Alexander's Siegen und Karthagos Wucher, in der Fremde zu Kaufleuten ward, obwohl nicht unerwähnt bleiben darf, dass die Juden nach ihrer Zerstreuung, wo es nur irgend angänglich erschien, so in Babylonien, Syrien, Egypten, auf Cypern, ihrer gewissermaassen erblichen Beschäftigung mit dem Landbau sich hingaben. Vielleicht liegt der Grund für jene Länder, wo dies nicht geschah, in der „Zerstreuung" selbst, die eine zahlreiche Ansiedelung jüdischer Exulanten an einem Orte ausschloss, wie solche zur Gründung eines neuen Bauernstaates auch dort ja unbedingt nöthig gewesen wäre. Vielleicht liegt ein anderer Grund in jenen, die Landwirthschaft betreffenden Vorschriften des mosaischen Gesetzes, die allerdings zunächst auf palästinensische Verhältnisse sich bezogen, deren Anwendbarkeit aber auf jüdische Landwirthe ausserhalb des heiligen Landes nach immer Controversen der Exegeten veranlassen. Vielleicht liegt der Grund auch in dem von Herrn Marr selber angezogenen Umstand, dass das Abendland bis tief ins Mittelalter hinein „brachliegendes Urland" war. Wer nur einigermaassen Kenntniss der Geschichte besitzt, wird nicht weniger Herrn Marr's durch Nichts erwiesene Behauptung, „herrenloser Boden war im Abendlande in Ueberfülle vorhanden", anzweifeln, wie annehmen können, dass selbst wenn es Juden gelungen wäre, aus Wildnissen „Staaten zu schaffen", für diese Staaten die nöthige Bevölkerung vorhanden gewesen wäre.

Ein Staat ohne Bürger entspricht dem „canis a non canendo" doch nicht weniger als „der befähigtste Journalist ohne Journal".

Auch ist nicht recht einleuchtend, weshalb mit grösserem Rechte nicht den Ureinwohnern des Abendlandes der gleiche Vorwurf der mangelhaften Cultur Germaniens gemacht werden könnte, wenn man nicht mit Sicherheit annehmen müsste, für die Erzeugnisse der Landwirthschaft habe die damalige geringe Bevölkerung den nothwendigen Absatz nicht geboten.

Herr Marr würde doch heute ebensowenig „seine Kulturgeschichtliche Erscheinung" „trotz ihrer typischen Fratzenhaftigkeit", „die uns in seinem Pathos wie in seiner Satyre überall entgegentritt" in seiner Maklerstellung zwischen Hep-Hep-Geschrei und Germanischer Hörigkeit zum Austrag bringen, wenn er nicht voraussetzte, die Courtage bei diesem social-politischen Einbruch in das Staatsbewusstsein seiner jüdischen wie christlichen Mitbürger in Form von Honoraren für **Broschüren** zu verdienen, nachdem er, nach seiner eigenen Mittheilung in der **Journalistik** mundtod und brodlos geworden ist. —

Fallen nicht seine eigenen Worte auf ihn zurück, denn „Nicht die Axt und der Pflug, die List und Verschlagenheit" literarischen Schachergeistes sind die Waffen, mit denen dies Auto-da-Federvieh des 19. Jahrhunderts „Handelsfreiheit" für seine Literatur zu erlangen sucht.

Marr findet keine Zeitung, die sich soweit erniedrigt, die Stätte seiner vielleicht „straflosen" sicher aber „brutalen" Verbrechen gegen den § 130 des Strafgesetzbuches sein zu mögen.

Schlussfolgerung: Die Tagespresse ist überwiegend in Judenhänden.

Demnach müssten also
entweder die Mehrzahl der Zeitungen Eigenthum jüdischer Unternehmer sein,
das ist notorisch nicht der Fall,
oder die meisten Mitarbeiter an Zeitungen wären Juden,
es ist statistisch nachzuweisen, dass dem nicht so ist,
oder die Mehrzahl der Zeitungen kämpft für Specialrechte der Juden.

Da solche Specialrechte überhaupt nicht existiren, so kann auch für sie nicht gekämpft werden.

Kein Blatt von politischem Einfluss kennt heute noch einen Unterschied zwischen Staatsbürgern christlichen oder jüdischen Bekenntnisses. Die Presse ist nicht, wie eben nachgewiesen, in jüdischen Händen, die vielleicht ein Sonderinteresse darin finden könnten, einen confessionellen Standpunkt einzunehmen. Nur aus der Gesammtsumme aller in den verschiedenen Zeitungen geäusserten Ansichten liesse sich eine „virtuelle öffentliche Meinung" construiren: jede einzelne Zeitung wird stets nur für den verhältnissmässigen Bruchtheil ihres Parteistandpunktes maassgebend sein mit dem sie für ihre Anschauung eintritt und die der Gegner bekämpft. Wer auch nur einen Blick in die deutsche Journalistik gethan hat, und welcher Gebildete hätte das heute nicht, weiss, dass von jüdischer Kameraderie auf den deutschen Redaktionsbüreaus überhaupt die Rede nicht sein kann, dass gerade die von Herrn Marr namentlich angeführten Zeitungen die sich am schroffsten gegenüberstehenden politischen Meinungen vertreten.

Der Journalist gleicht dem Soldaten auf dem Schlachtfeld. Wer den Beruf ergriffen hat, mit der Gewalt seines Wortes für das Wohl seines Vaterlandes zu kämpfen, für seine Ueberzeugung einzutreten, der darf sich nicht, wie dies Herrn Marr nach seinen eigenen Worten geschah, aus Reih und Glied hinausmanövriren lassen, der darf sich vor einem „Rattenkönig" nicht beugen.

Gnädige Frau, mir ist Herrn Marr's Mittheilung: er sei in die Pressacht und pressvogelfrei erklärt, an und für sich unverständlich. Seit dem Erscheinen seines Judenspiegels, vor nunmehr 17 Jahren, hat Niemand von seinem Dasein überhaupt Notiz genommen. Aber wie der Soldat der Fahne treu bleiben muss, so muss der Kämpfer mit Papier und Lettern seiner Ueberzeugung Treue bewahren. Eine ehrenhafte Journalistik hat keinen Platz für politische Schriftsteller, die „mit Wort und Feder für die Judenemancipation stritten" und dann ins Hep-Hep-Geschrei verfallen, und einen neuen Kreuzzug der Confessionslosigkeit gegen Mitbürger predigen.

Nicht nur der befähigtste Publicist — einem solchen würden seine Publicationen ein fürstliches Einkommen sichern — sondern jeder Schriftsteller von salonfähiger

Schreibweise und anständigem Talent findet einen Ort für „sein selbstständiges Wort über was immer für eine Frage." Nur für jene Marodeurs der literarischen Wahlstatt findet sich kein Ort und nicht für jene Blindschleichen, die in den Laufgräben vor dem gefesteten Bollwerk der ehrenhaften Presse ihr elendes Dasein dadurch zu fristen suchen, dass sie ihre Selbstständigkeit verleugnend, unselbstständig fremder Ansicht ihre Worte leihen und sich zum lakaienhaften Presschamäleon erniedrigen.

Marr behauptet weiter: „Zwei Drittel unserer offiziösen Literatur sind durch Juden vertreten. Das gleiche Ziel, die Zersetzung des germanischen Staates zu Gunsten der jüdischen Interessen wird überall konsequent verfolgt."

Herr Marr bedient sich in den Worten „offiziöse Literatur" wieder eines Ausdrucks, den er nicht definirt und bei dem sich alles Mögliche oder gar nichts denken lässt.

Als offiziös anerkannt sind in Deutschland nur die direct vom Ministerium ressortirenden Blätter, der Staatsanzeiger und die Provincial-Correspondenz. Beide werden von Staatsbeamten geleitet und bei beiden sind Juden vollkommen unbetheiligt.

Ferner giebt es einige Zeitungen, welche oft als offiziös angesehen werden, ohne als solche aber regierungsseitig anerkannt zu sein. Die Bedeutendste derselben, die Norddeutsche Allgemeine Zeitung, bezeichnet sich selbst als „freiwillig gouvernemental", die Post und die Kreuzzeitung bekämpfen die Massregeln der Regierungen häufiger als sie dieselben vertheidigen. Bei allen dreien sind Juden nicht mit der Leitung betraut, nur in den seltensten Fällen Mitarbeiter.

Also auch diese Behauptung Marr's würde sich als eine unwahre durch diese Feststellung documentiren, wenn sie nicht schon in sich einen unauflöslichen Widerspruch enthielte.

Wie immer man auf den Begriff „offiziöse Literatur"

definiren möge, niemals wird von ihm das Merkmal „die Erhaltung des Staates anzustreben" getrennt werden können. Also ist auch eine „officiöse Literatur, die die Zersetzung des Staates verfolgt", ein Unding, eine contradictio in adjecto, die für die Logik des befähigten Publicisten nicht besonders spricht.

Wenn Sie, gnädige Frau, von falsch mitgetheilten Vorgängen, von unfläthigen Schimpfereien und von entstellten Thatsachen abschen, bleibt in den manchen Broschüren nur der Vorwurf des Wuchers gegen das Judenthum bestehen. Auch diesen Ausdruck hat Marr nicht definirt, was bei der Dehnbahrkeit derselben zu beklagen ist. Von Geschlecht zu Geschlecht, von Land zu Land ist die Auffassung, was eigentlich Wucher sei, eine verschiedene, sehr oft eine sich durchaus widersprechende gewesen.

Heute bezeichnet man mit dem Worte Wucher die widerrechtliche Ausbeutung fremden Leichtsinns oder fremder Noth. Marr ebensowenig, als irgend einer seiner Vorgänger auf dem Wege zu dem Golgatha, das sie Mitbürgern bereiten möchten, hat auch nur den Versuch des Beweises angetreten, dass Juden sich öfter als Christen dieses Verbrechens schuldig machen.

Der Herrn Marr ebenso verhasste als unbekannte Codex Mosis, wie der Canon des alten Testamentes überhaupt, verbieten den Wucher.

Das Wort der Bibel, dieser lauterste Ausdruck des höchsten Willens, giebt unumstösslichen Anhalt gegen den Wucher. Die Propheten stellen den Wucherer dem Gotteslästerer und Ehebrecher gleich, und unbegrenzte Nächstenliebe ist der Grundzug ihrer Lehren.

Es ist ein alter Kunstgriff der Judenfeinde, ihnen Vorwürfe wegen unerlaubten Wuchers zu machen. Es liegt mir auch vollkommen fern zu behaupten, es habe nie jüdische Wucherer gegeben oder es gäbe jetzt deren nicht. Aber was will das beweisen?

Nur ein Logiker à la Marr, der statt schulgerecht zu definiren und zu folgern

„mit Mistkarren voll Schimpfwörter"

um sich schmeisst, wird zu dem Resultat gelangen können, weil es jüdische Wucherer gab, sind die Juden Wucherer.

Wieder läge der Gegenschluss sehr nahe:
Obersatz: Herr Marr ist der befähigtste Journalist.
Mittelsatz: Herr Marr kennt die Geschichte des Wuchers nicht.
Schluss: Folglich kennen alle Journalisten die Geschichte des Wuchers nicht.

Herr Marr könnte sich in diesem Falle sogar auf die Autorität Paul Lindau's beziehen, der die Behauptung aufstellte, ein Journalist sei ein Mann, der auch über Sachen schreibt, von denen er nichts versteht.

Und wieder liesse sich schliessen:
Weil Herr Marr Nichts versteht, ist er ein Journalist, oder:
Weil Herr Marr am Wenigsten versteht, ist er der fähigste Journalist.

Wie Sie wissen, gnädige Frau, und wie Herr Marr selbst hervorhebt, paradirt die Wucherfrage jetzt auf den Tagesordnungen der Parlamente als „brennende Frage".

Mit der bei ihm üblichen Höflichkeit titulirt Herr Marr die Volksvertreter „Jammerbilder, denen Frechheit des zügellosesten Erwerbswahnsinnes zum socialen Glaubenssatz geworden"; aber er wagt dennoch nicht zu behaupten, dass die Wuchergesetze lediglich als eine der von ihm prophezeiten Explosionen der inneren Gefühlserbitterung „gegen die Juden" zu betrachten seien.

Hätte Herr Marr auch nur eine „blasse Idee" von der Geschichte des Wuchers, er müsste wissen, wie sehr von christlichen Schriftstellern gegen christliche Wucherer gedonnert werden musste. Nicht nur Laien, auch der Clerus, selbst Bischöfe, Presbyter, Diakonen werden von den Kirchenvätern, von den ersten Synoden und Concilien des Wuchers bezichtigt: wieder und wieder bieten Wucherverbote und Strafandrohungen einen betrübsamen Beweis, wie sehr dies Verbrechen um sich gegriffen. Auf dem Concil von Nicaea wurde der Wucher gerügt und 100 Jahre später verhängte Pabst Leo über geistliche Wucherer die härtesten Strafen. Zu Karls des Grossen Zeit rügte der Pabst wieder die französische Geistlichkeit wegen des Wuchers, und als Bernhard von Clairvaux im Jahre 1146 während des zweiten Kreuzzuges von der Verfolgung der Juden abmahnte, brauchte er auch als Argument, „dass, wenn die Juden nicht da wären, die christlichen Wucherer, die man eigentlich gar nicht Christen nennen könnte, es noch übler als die Juden machen würden".

Eine jüdische Legende erzählt, dass, als der berühmte jüdische Gelehrte „der Riehl" auf seinem Todtenbette lag, derselbe die Zuversicht ausgesprochen habe, sein gottgefälliges Leben möge beim Allvater im Himmel erwirkt haben, dass herbe Verfolgung die Juden ferner verschone.

In der Nacht, da „der Riehl" starb, ward Martin Luther geboren.

Luther, der ebenfalls wohl den Wucher verdammt, aber dennoch ein „Wücherlein" glaubt gestatten zu dürfen, war in frommem Eifer und Zelotismus zu sehr verblendet, um das vollkommene Unberechtigtsein von Angriffen auf das Judenthum zu erfassen; aber die durch seine Reformation bewirkte Aufklärung der Geister hat wirklich dem Geschick der Juden Vortheil und Segen gebracht.

Das grosse Verdienst jedoch, das gerade die Juden um die Cultur des Abendlandes sich erworben, ist niemals genügend gewürdigt worden.

Nicht jene Staatslosigkeit, die Feinde à la Marr dem Judenthum vergeblich anzudeuteln trachten, und die angeblich darin bestehen soll, dass Juden in der ganzen Welt verstreut überall nur Juden und nicht gleichzeitig auch

Staatsbürger sind, sondern jenes erhabene Weltbürgerthum, das die Staaten verbindet und die Länder vereinigt, das mit dem Ueberflusse hier den Mangel dort deckt, das dem Schiff des Kaufmanns anhaftet, jener Cosmopolitismus, der eine Signatur unserer heutigen Cultur ausmacht, die Welt verdankt ihn jüdischem Streben.

Hohe Wahrscheinlichkeit spricht dafür, dass die Juden, die heute Europa bewohnen, der jüdischen Handelscolonie entstammen, die um und schon vor Christi Zeit das Nildelta bewohnte.

Von Alexandrien aus, dem London des Alterthums, liefen die Fäden des Handels nach Indien und der Ostsee, nach der iberischen Halbinsel und den Inseln Griechenlands.

Unwahrscheinliches liegt nicht in der Sage, dass bereits vor Christi Geburt Juden in einigen uralten Städten Binnen-Deutschlands, z. B. in Mainz, Worms, Ulm und Regensburg, sich aufgehalten haben. — Wahrscheinlich haben Juden zuerst die ersten Bewohner Germaniens in den Kreis allgemeinen Güterlebens eingeführt, wahrscheinlich haben Juden zuerst die uralten Bergwerke Siebenbürgens betrieben, wahrscheinlich haben Juden die Küsten Spaniens und Frankreichs dem Verkehr der damaligen Welt eröffnet.

Jüdischer Vermittlung verdanken die weiten Binnenländer Europas die erste Kenntniss vom Orient und seiner Cultur, und so wahr Bildungverbreiten ein Moment ist in der Gründung von Staaten, so wahr haben Juden keinen geringen Antheil an dem Verdienst, dass aus den Wildnissen Germaniens deutsche Staaten geworden sind.

Und in diesen Staaten besitzen die Juden heute volles Bürgerrecht. Rechtlos waren sie niemals; niemals hat die Gesetzgebung irgend eines Landes und am wenigsten die Deutschlands, einen Theil der Bewohner des Landes der Willkür des andern Theils der Einwohner überlassen, nur weil jene anderer religiöser Anschauung oder anderer Abstammung waren als diese. Ein Grund, der bei genügendem Sophismus auch juridisch wenigstens einigermassen stichhaltig sich erweisen konnte, musste die Angriffe auf die jüdischen Landsleute ebenso gut decken, wie ähnliche Argumente den wahren casus belli fast jedes Krieges stets zu verhüllen hatten und zu verhüllen haben werden. — Auch Herr Marr, der Herold des Bürgerkrieges, sucht nach Gründen, die seine wahre Herzensmeinung verdecken könnten, wenn man nicht mit Sicherheit annehmen müsste, dass die Mutter Natur dem diese Muskel versagte, der eine innere Gefühlsverbitterung „gegen die Juden" zu constatiren und ein erneuertes Hep-Hep als Sicherheitsventil für den Staat zu prophezeien wagt. Herr Marr, der Judenfresser par excellence, sieht sich schon als Retter der semitischen Fremdlinge vor den Gewaltthätigkeiten der empörten Volksleidenschaften.

Leider erinnert die zugesagte Hülfe ein wenig an jene verdächtige Hülfe gewisser „Retter" bei Feuersbrünsten. Auch die Wahl der Atrappe, die „den letzten, verzweifelten Anprall" der — namentlich germanischen Welt gegen die von Herrn Marr festgestellte autokratische Herrschaft des Judenthums verbirgt, ist eine recht unglückliche.

Der gewöhnliche Geldwucher zieht nämlich nicht mehr. Die Aufforderungen an Leute mit kleinem Capital sich an Lombardgeschäften zu betheiligen unter 20—30 pCt. p. Monat müssen jetzt herhalten, und dies kann um so leichter geschehen, als Herr Marr von anständigen Lesern seiner Broschüren wissen kann, dass sie sich weder zu solchen Beutelschneidereien herbeilassen, noch — da die betreffenden Aufforderungen in den Zeitungen stets anonym erscheinen — sich feststellen lässt, ob die Inserenten Christen, Juden oder gar wie Herr Marr confessionslos sind.

Herrn Marr's genaue Kenntniss von der Art und Weise dieser freventlichen Hallunkenmanipulationen könnte sogar verdächtig erscheinen, wenn ihn nicht sein Bekenntniss —

fast alles verloren zu haben resp. brodlos zu sein — vor jedem Verdachte schützte.

„Beati non possidentes" heisst es auch für ihn im Gegensatz zum „beati possidentes" einmal im Corpus juris und „Ein Kameel kommt eher durch's Nadelöhr, als ein Reicher in's Himmelreich", sagt das Evangelium.

Schade, dass Herr Marr confessionslos ist und daher auch wohl nicht an's Evangelium glaubt. Denn das lässt sich ja nicht leugnen, es giebt Juden, die reicher sind als Christen, sogar reicher als Herr Marr, der fast alles durch die Verjudung verloren hat und brodlos ist. Seine Confessionslosigkeit erlaubt ihm leider nicht, sich an der Aussicht auf die Feuerqualen in der Hölle zu weiden, die der reichen Juden warten, denen das Himmelreich verschlossen ist, und er möchte sie deshalb so gern schon hier **probeweise ansengen.**

Peter Arbuez, in's Neuhochdeutsche übertragen.

Torquemada im Frack.

Auch die Wissenschaft muss bei Herrn Marr umkehren.

Sonst hiess es: „Quae ferrum non sanat, sanat ignis".

Herr Marr sieht ein, dass eine „Entjudung" durch das Feuer immerhin auf einigen Widerstand stossen dürfte; er appellirt deshalb an die Heilkraft des Eisens und schlägt vor, mit Hülfe des Schwertes den Juden ihr Vaterland zurückzuerobern. „Ihr Vaterland" ist nämlich Palästina, und da nach sehr ähnlicher Logik das Vaterland der Germanen — zu denen zu gehören Herr Marr ja so sehr betont — in Hinterindien zu suchen wäre, so schlage ich vor, Herrn Marr für's erste dorthin oder nach einer andern schönen Gegend zu exportiren.

Herr Marr soll ja im Export feiner Fleischwaaren nicht ganz unbewandert sein.

Uebrigens müsste solch ein moderner Exodus „ein Schauspiel für Götter" werden.

Ein neuer Tasso schildert dann in einem endlosen Heldengedicht die Wunderthaten, die Herr Marr nicht bei der „Befreiung", sondern bei der „Verjudung Jerusalems" verrichten wird. Ein anderer Wieland besingt dann den neuen Ritt „in's alte romantische Land" und wie Herr Marr zwar nicht den Hypogryphen sattelt und wie er — Sancho Pansa, wie er leibt und lebt, voranreitet, ein moderner Gottfried aber „ohne Bouillon". Auf dem Haupte trägt er statt des klassischen Barbierbeckens — die böse Welt sagt ja auch den Herren Bartputzius nach, dass sie oft mehr sprechen, als sie verantworten können — den „letzten Schabbesdeckel" und seine ritterliche Rechte schwenkt statt der Kreuzesfahne, die sich für den Confessionslosen nicht wohl schicken würde, „das letzte Arbakanfoth" mit der Inschrift „in Tyrannos".

Es bleibt dann zweifelhaft, ob die Anspielung auf die Räuber denen gilt, die Herrn Marr, wie er behauptet, durch ihre Verjudung fast alles geraubt haben, oder dem, der sich des Versuches nicht entblödet, ruhigen und strebsamen Staatsbürgern den Frieden ihres Wohnsitzes, den ungekränkten Besitz ihrer unangetasteten Ehre rauben zu wollen, der die nie angezweifelte Keuschheit der jüdischen Frauen mit frevelhaften Worten anzutasten wagt, der nicht zu wissen heuchelt, dass bei den Juden „die Tugend häufig, „die Mildthätigkeit heimisch, die väterliche und kindliche „Liebe, die Heiligkeit der Ehe tief begründet, die Aufopfe- „rung zum Besten Anderer zahlreich ist".

Gnädige Frau, es ist übrigens gar nicht wahr, dass die Juden den reicheren Theil der Bevölkerung ausmachen. Allerdings, im grossen Durchschnitt ist die grössere Bildung und in ihrem Gefolge ein grösserer Wohlstand bei Juden anzutreffen. Seit Jahrtausenden gab es keinen Juden, der nicht schreiben, lesen und rechnen konnte, und alle Bedrückung und Verfolgung des Mittelalters schaffte kein jüdisches Proletariat im heutigen Sinne dieses Wortes. Ein „voting cattle, das in der Politik von heuzutage leider eine ebenso bedeutsame wie betrübsame Rolle spielt und auf das, nach der Ausdrucksweise zu urtheilen, Herr Marr seine weniger flammende als brenzliche Beredtsamkeit zunächst gemünzt zu haben scheint, hat es im Judenthum nie gegeben. Ein vielleicht zu starres Festhalten am Ueberkommenen, Hartnäckigkeit des Charakters, aber nicht von jener sorte à musique des Herrn Marr, die ihm gestattete, von „liberalisirender Oberflächlichkeit" ausgehend, „seinen heutigen Standpunkt in der Judenfrage" zu erklimmen, haben Juden stets davor bewahrt, eigene Erkenntniss fremder Meinung unselbstständig zu opfern. Juden waren daher auch als Publicisten niemals „brauchbar" in jener beschämenden Nebenbedeutung, die der befähigtste Publicist — als solcher sollte er doch genau au fait sein — in dies adjectivum hineinlegt. Und gab es vielleicht räudige Schaafe in der Heerde — schlagende Beispiele sind mir nicht bekannt — so sagt ja Herr Marr selbst „exceptio firmat regulam" und er selbst spaziert ja glücklicherweise als eine der seltensten Ausnahmen der zur Regel gewordenen Menschenverbrüderung, die nicht nach Religion und Urabstammung fragt, in der Welt herum.

Den verhältnissmässigen Wohlstand, der viele jüdische Familien ziert, verdanken sie — obgleich Herr Marr bei denselben Schen vor wirklicher Arbeit constatirt — nach den Worten meines verehrten Freundes, des früheren Kreisrichters und jetzigen Redacteurs der Reform in Hamburg — einer sicherlich nicht judenfreundlichen Zeitung — des Herrn Dr. Joseph Kolkmann, ihrer Zurückgezogenheit, grosser Sparsamkeit, unermüdlichem Fleiss, Geschäftsüberblick, scharfsinniger Berechnung aller Handelsconjuncturen, also Dingen, die den Christen ebenso nahe liegen, als den Juden. Es fragt sich nur, ob Herr Marr etwas von diesen Dingen versteht. Was versteht der Bauer von Gurkensalat? fragt das Sprichwort!

Ich muss des Ferneren constatiren, dass im Finanzwesen das Judenthum durchaus nicht die grosse Rolle spielt, die Herr Marr demselben imputirt. Die grossen Banken, die zum wesentlichsten Theile den Geldumlauf der Nationen regeln, die Reichsbank in Berlin, die Nationalbank in Wien, die Banque de France in Paris, die Bank of England in London wagt ja nicht einmal Herr Marr als jüdische Finanzinstitute hinzustellen. Die hervorragenden Actienbanken, wie die Norddeutsche Bank in Hamburg, die Disconto-Gesellschaft und die Deutsche Bank in Berlin, die Creditanstalt in Wien, stehen so sehr unter dem Einfluss von Christen, dass die Annahme nicht so ganz fern liegt, diese „christliche Leitung" sei keine ganz zufällige, obgleich eine Unterscheidung zwischen jüdischen und christlichen Actien und Antheilscheinen bisher ebenso wenig und nicht einmal von Herrn Marr constatirt wurde, wie zwischen jüdischem und christlichem Gelde überhaupt. Denn hören Sie es und staunen Sie, gnädige Frau, ob seiner Unpartheilichkeit, — Beiden gewährt Herr Marr das gleiche Recht, durch Erlegung einer Reichsmark koscheres Silber gegen unkoscheres Blech einzutauschen; mit der Erwerbung jenes Faustschlages wider Anstand, Zucht und Sitte übernehmen beide aber auch die gleiche Pflicht, zu erröthen über dieses Beginnen Zwietracht zu säen, um den Fluch der Lächerlichkeit zu erndten.

Mir steht das nöthige statistische Material nicht zu Gebote, um festzustellen, ob die Mehrzahl der Banquiers Juden oder Christen sind. In Herrn Marr's Angaben setze ich berechtigte Zweifel. Während er zum Beispiel die Autorität des sauberen Herrn Glagau, der sich übrigens wohl vor einer Coordination mit Herrn Marr bedanken wird und der so hoch über ihm steht, wie Wilhelm Tell über Johannes Parricida, um keinen „zeitgemässeren Vergleich zu wählen", herbeizerrt, weil dieser anführt, von den Gründungsschwindlern seien 90 pCt. Juden gewesen, so behauptet Herr Marr — natürlich wieder ohne Beweismaterial — „auf 99 jüdische

Banquiers von Bedeutung kommt erst ein nicht jüdischer".

Wie schon diese Zahlenangaben sehr nahe legen, muss einer dieser „par nobile fratrum" im Unrecht sein. De facto sind aber Beide im Unrecht, und wie ich glaube annehmen zu dürfen, dass dem „Gründungsschwindel" doch vielfach Unrecht geschehen ist, dass wir demselben doch Vieles verdanken, das dem „Taumel der Milliardenzeit" dann noch tausendzüngiges Lob reden wird, wenn dereinst nur noch ein Curiositätenjäger der Zukunft, der den Nachtseiten der menschlichen Natur und ihren Verirrungen sein trauriges Studium zuwendet, bei den Namen Marr und Glagau sich erinnern wird: „das waren ja die Leute, die so furchtbar schimpfen konnten", so glaube ich auch, dass so viele Banquiers, die Juden sind, auch existiren mögen, doch mindestens viel mehr Christen dem Grossverkehr in Geld und Geldeswerth sich widmen.

Ich will, gnädige Frau, auch hier kurz andeuten, dass grosse Fabriken — jene Wahrzeichen des Industrialismus — nur in geringer Anzahl in jüdischen Händen sich befinden und hinsichtlich der allgemeinen Güterverheilung, dass einer jener Grossgrundbesitzer, an denen unser Vaterland, d. h. in diesem Falle Deutschland, so reich ist und die seinen Stolz und seine Zier bilden, gewöhnlich „jüdische Vermögen" schockweise auskaufen kann.

Herr Marr hat auch aus dem Schutt des Mittelalters eine „jüdische Maitresse" ausgegraben. Er sagt zwar nicht, ob das Recht, sich zu prostituiren, ebenfalls confessionell beschränkt sein sollte. Die Bemerkung „die schöne Jüdin" lässt Herrn Marr's dahingehende Ansicht nur vermuthen. Er selbst aber erzählt, dass jene Person ihre Lasterstellung zum Vortheil ihrer von einem wahnsinnigen Tyrannen aus Ungarn vertriebenen Glaubensgenossen ausnutzte, denen sie im Lande ihres Liebhabers, des Polenkönigs Casimir, eine neue Heimath bereitete. Mir sind aus der Geschichte nicht gar viele ähnliche, edle Züge von fürstlichen Leibdirnen bekannt. So interessant deren sonstigen Bekenntnisse auch oft sind, so habe ich doch nie Veranlassung genommen, dem „Religionsbekenntnisse" derselben nachzuforschen, aber, gnädige Frau, ich gerathe auf ein heikles Thema.

Es ist ja auch eine jener Errungenschaften der „höheren Töchterschulen-Bildung", das alte „naturalia non sunt' turpia" nicht mehr anzuwenden. — Die Naturalia sind ja nur noch gestattet, wenn sie im Operetten-Theater gesungen, im Ballet getanzt, im Cirens auf dem Drahtseil voltigirt oder jonglirt und in der Unterhaltung und in der Lectüre „zärtlich" verhüllt werden. Und wenn man sich mit Herrn Marr so lange beschäftigt hat, gnädige Frau, wie ich in diesem Briefe, dann ist es Luxus, noch ein anderes verfängliches Thema zu berühren.

Gnädige Frau, ich habe mich bisher so viel mir möglich war bemüht, eine Unterscheidung zwischen Juden und Christen festzuhalten, obgleich ich — und wie ich hoffe und glaube, nicht nur der gebildete Theil der Nation, sondern die Mehrzahl aller Staatsangehörigen mit mir — eine solche nicht anerkennen. Die Verfassung, das Gesetz, die Fahne kennt nur Deutsche. Wenn nichtsdestoweniger hin und wider zwischen Juden und Christen nicht nur, sondern auch zwischen Protestanten und Katholiken, zwischen Ultramontanen und Confessionslosen u. s. w. u. s. w. Kämpfe bestehen, so beweisen solche weiter gar nichts, als die der menschlichen Natur angeborene Kampfeslust. Ohne Kampf kein Sieg, auch kein Sieg über Vorurtheile. Gnädige Frau, Sie selbst sind nicht ganz frei von solchen Vorurtheilen, sonst hätten Herrn Marr's „Stylübungen über einen ihm geläufigen Gegenstand", bei denen ich quintanerhafte Fehler gegen die deutsche Grammatik, z. B. die Construction der Präposition „ausser" mit dem Accusativ (ausser **die** Staatsbürgerrechte) gern entschuldigen will, nicht in Ihnen, der

Frau von Geist, Bildung und Weltkenntniss, Sorgen hervorgerufen, um deren halber ich Sie bedauert habe. Das Judenthum reicht hinab in die fernste Vergangenheit, in die fernste Zukunft wird es währen, denn um Ihnen, gnädige Frau, doch auch einen talmudischen Ausspruch zu citiren: „Auf Wahrheit ist es gegründet, und Wahrheit ist sein Wahrzeichen." Dass Angriffe und Hetzereien, wie sie die Marr'schen Schmähschriften enthalten, auf Wahrheit nicht beruhen, hat nicht erst die Gegenwart erkannt. Noch ist die Welt nicht zu der Erkenntniss gelangt, was Wahrheit sei. Noch kämpft der Politiker, noch streitet der Jurist, noch forscht der Gelehrte: ihr Kampf, ihr Streit, ihre Forschung gelten der Erkenntniss der Wahrheit. Nicht unbetheiligt sind die Juden an diesem Ringen nach Wahrheit in der Gegenwart, und wenn es wunderbar erscheinen kann, dass während ringsumher Völker verschwanden, Staaten vergingen, Throne brachen, das Judenthum aber die Zeiten überdauerte, so erklärt sich dies Wunder der Welt aus seinem nie unterbrochenen Streben nach Wahrheit. Und ein solches im Kampfe der Jahrtausende geprüftes Streben wird in seiner Mission nicht gehemmt durch Marr'sche Invectiven, es beweisst nur deren Halt- und Grundlosigkeit. Das neu geeinte Deutsche Reich wird nicht die Beute jüdischer Eindringlinge, jüdische Eindringlinge werden nicht die Hand nach Ihrem Besitzthum ausstrecken, gnädige Frau, Ihre Kinder und Enkel werden nicht Hörige der semitischen Feudalherren sein, sondern, wie ich Sie beneide, wenn Sie thörichte Furcht und falsches Vorurtheil abgelegt haben, so wird man Sie und Ihre Nachkommen, mich und uns alle beneiden als Angehörige des Deutschen Reichs, an dessen Mehrung und Förderung und Besserung Juden wie Christen mit vereinter Kraft, mit gleicher Vaterlandsliebe, ohne Hass und Zwietracht, ohne Rücksichtnahme auf religiöses Bekenntniss und Urabstammung nicht als Juden und Christen, sondern als gleichberechtigte und gleichverpflichtete Bürger arbeiten.

Die Nationalität des Staatsbürgers kann durch religiöse Anschauung nicht berührt werden. So wenig das Staatsbürgerthum des Christen von seinem Glauben oder Unglauben an die Lehren der Kirche abhängig ist, ebenso wenig hängt das Staatsbürgerthum des Juden von seinem Judenthum ab. Die jüdische Nationalität hat aufgehört zu sein.

Das Judenthum aber, das nicht versiegte auf dem Felsenboden der Verachtung, nicht verdorrte unter dem Sonnenbrande des Hasses, wird dauern, bis es seine Mission erfüllt hat, bis alle Bewohner der Erde erkennen, dass Gott einzig ist und sein Name einzig, bis es keinen Hass mehr giebt, sondern nur noch jene Liebe, deren Dogma schon heute Christen wie Juden gleichmässig anerkennen: „Liebe Deinen Nächsten wie Dich selbst".

Ein Gebäude wie das des Judenthums zittert nicht, wenn Marr'sche Steinwürfe dasselbe treffen. Unerschüttert harrt es der messianischen Zeit, von der der Psalmist singt: „Dann werden sich freuen die Bäume des Waldes" —, weil dann nicht mehr mit Holz und Reisig aus dem Walde, sondern mit Schriften von Marr'schem Caliber der Ofen geheizt werden wird.

Und damit, gnädige Frau, Gott befohlen.

Ihr Ergebener

F. Sailer.

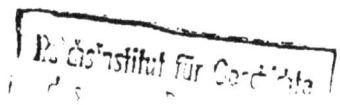